TÉLÉFAUNE

TEXTE : CORTEGGIANI   DESSINS : BERCOVICI

TÉLÉFAUNE

RAS LES MASQUES

COULEURS : NATHALIE MOREL

DARGAUD
EDITEUR

PARIS·BARCELONE·BRUXELLES·LAUSANNE·LONDRES·NEW YORK·STUTTGART

Dépôt légal Mars 1994
ISBN 2-205-04230-0

Imprimé en France en Janvier 1994 par Clerc S.A. - 18200 Saint-Amand
Printed in France

OUI, MONSIEUR LE PREMIER MINISTRE, C'EST MOI QUE L'ON A CHARGÉE DE FAIRE VOTRE PORTRAIT POUR LA TÉLÉVISION... UN PORTRAIT VÉRITÉ...

VÉRITÉ... COMME C'EST AMUSANT...

MAIS CETTE FOIS VOUS COMPRENDREZ QUE JE DOIS ÊTRE BEAUCOUP PLUS INCISIVE...

MAIS BIEN SÛR TRÈS CHÈRE...

ON M'A TELLEMENT REPROCHÉ POUR LE LIVRE QUE JE VOUS AI CONSACRÉ D'AVOIR ÉTÉ TROP CONCILIANTE ET TROP GENTILLE QUE JE NE VEUX PAS QUE ÇA SE REPRODUISE !...

CELA VA DE SOI... BIEN ENTENDU...

HOP

VA CHERCHER, TOI !

EH BIEN NOUS POUVONS COMMENCER QUAND VOUS VOULEZ, ET...

ALLONS BON... OÙ EST-ELLE PASSÉE ?

48

?

CLAIRE... VOYONS...

ARF !

GRRRR

ALLÔ ?... MOUAIS ... LE FORUM ... OUAIS ... NON NON PAS CELUI DE LA MADELEINE, CELUI DE GENNEVILLIERS ... OUAIS ... IL EST LÀ, MOUAIS... J'VOUS LE PASSE ...

HÉ, M'SIEUR PATRICK... C'EST POUR VOUS...

AH... J'ARRIVE...

SI C'EST ENCORE LE PERCEPTEUR, IL PEUT ALLER SE FAIRE LANLAIRE ET FISSA...

ALLÔ ...OUI ... COMMENT!? LA TÉLÉ ? CE SOIR ? J'ARRIVE !!!

REGARDEZ BIEN, CE SOIR JE PASSE À' MÉFIEZ-VOUS DES BLONDES ... EN INVITÉ SPÉCIAL !..

ET MAINTENANT, CHER JULIEN LEPERS, NOTRE GAG DE LA SOIRÉE, POUR VOUS MONTRER QUE SI ON FRAUDE LE FISC, ON PEUT SE RETROUVER VÉRITABLE- MENT À' POIL !... HON HON HON...

IMPOSSIBLE DE LE VIRER CE CON, ÇA FAIT DES SIÈCLES QU'IL EST LÀ, BONJOUR LES INDEMNITÉS DE FOLIE...

ON NE PEUT PAS FAIRE PORTER UN CHÈQUE DE 500 PLAQUES PAR MOTARD SPÉCIAL À TOUT LE MONDE !...

MOTARD... HOHO... MAIS OUI J'AI UNE IDÉE...

AH ?

OUI... APPELEZ LA PLACE BEAUVAU SUR LA LIGNE DIRECTE, CHARLES EST UN VIEUX COPAIN...

OUI MON VIEUX, VOS ÉMISSIONS S'ESSOUFFLENT ET LE PUBLIC ITOU... IL VA FALLOIR RENOUVELER TOUT ÇA...

MAIS COMMENT ?

BEN TIENS... EN EN PRÉSENTANT UNE NOUVELLE... MAIS PLUS EN PRISE DIRECTE SUR LA RÉALITÉ...

À EURO DISNEY ?

HAHA...NON... MAIS COSTUMÉ TOUT DE MÊME... TENEZ METTEZ ÇA !

ET OÙ ON VA COMME ÇA ?

DANS UNE MATERNELLE... LES PETITS VONT ÊTRE RAVIS...

BONJOUR, JE...

OH ! ZORRO...

ZORRO, ZORRO !

WUUUUU WUUUU

RENDS-TOI, FORCENÉ !

C'EST LE MINISTREU DE L'INTÉRIEUREU QUI TE PARLEU... DE TOUTE FAÇONG, QUE TU SORTES OU PAS, ON TÉ FLINGUEU !!!

AU PIRE IL NOUS RAMÈNE UN SCOOP, AU MIEUX ON ÉCONOMISE 500 BRIQUES D'INDEMNITÉS...

IL DOIT L'AVOIR "RAID" HIHI !

LE MATERNEL

ALORS, EN AMENANT LE GÂTEAU, TU TE PRENDS LE PIED DANS LE CÂBLE QUI EST LÀ...

ET VOILÀ ! HAHA !

BLOTCH

TRÈS BIEN, ON PASSE AU MICRO QUI ÉLECTROCUTE, MAINTENANT !

RIIIDJIIIIIIII...

PARFAIT !

MESDAMES ET MESSIEURS LES IMBÉCILES, BONSOIR... HEU...

NON NON... C'EST PAS ASSEZ PERCUTANT, ÇA... TU ME LA REFAIS, BRUNO !

BONSOIR LES CONS ! HEU...

50

PARFAIT ! C'ÉTAIT PARFAIT LES ENFANTS... TERMINÉ POUR CE SOIR...

CLIC

AVEC LA PRÉSENTATRICE QUI N'A PAS MIS DE CULOTTE ET LE MUET QUI A UN MICRO, ON EST PARÉS...

OUI... NOTRE BÊTISIER DE FIN D'ANNÉE VA ÊTRE D'ENFER !

SORTIE

MAIS OUI MON CHER ALAIN...

LES FRONTS CHAUDS SE DÉPLACENT À UNE VITESSE DE L'ORDRE DE 60 À 80% DE CELLE DU VENT GÉOSTROPHIQUE OU DU VENT DU RADIANT...

AH...

EN CE QUI CONCERNE LES CARTES DE PRÉVISIONS EN ALTITUDE, LA COMPARAISON DES CARTES SUCCESSIVES D'UN NIVEAU STANDARD DÉTERMINÉ PERMET L'EXTRAPOLATION DU MOUVEMENT ET DE L'ÉVOLUTION DES STRUCTURES CARACTÉRISTIQUES DU CHAMP D'ISOHYPSES DE CE NIVEAU...

AH...

LES MÉTHODES D'EXTRAPOLATION ANALOGUES À CELLES QUI SONT UTILISÉES EN PRÉVISION À COURTE ÉCHÉANCE PORTENT SOIT SUR LES ANOMALIES DU CHAMP DE PRESSION ET DES TYPES DE CIRCULATION, CE QUI PERMET D'EN DÉDUIRE DES PRÉVISIONS POUR LA TEMPÉRATURE, ET LES PRÉCIPITATIONS...

MH

SEULES LES ONDES DE COURTE PÉRIODE SONT MIGRATOIRES... ELLES PEUVENT ÊTRE UTILISÉES POUR LA PRÉVISION DES MÉTHODES GRAPHIQUES... CELA PEUT COMPORTER L'UTILISATION DES POINTS DE SYMÉTRIE POUVANT APPARAÎTRE SUR LES BAROGRAMMES ÉTUDIÉS...

MH.

VOILÀ, MON CHER ALAIN... BON TRAVAIL, ET À LA SEMAINE PROCHAINE...

NE VOUS INQUIÉTEZ PAS... J'AI L'HABITUDE...

C'EST BIEN LÀ LE PROBLÈME!

SORTIE

51

HOULA HOULA ... VA FALLOIR UN GROS PARAPLUIE DEMAIN, CAR C'EST UN GLOUGLOU MÉGAGIGA QUI VA NOUS TREMPER LA BANANE ... CAR COMME DISAIT MA GRAND-MÈRE...

PROUT

ET MAINTENANT, CHER MICHEL, QUE POURRIEZ-VOUS DIRE AUX LECTEURS DE TÉLÉ-MIOCHE SUR VOTRE LÉGENDAIRE GENTILLESSE... QUEL EST VOTRE SECRET ?

MA GENTILLESSE ? UN SECRET ?... MAIS PAS DU TOUT, VOYONS...

TOUT, LÀ-DEDANS EST ON NE PEUT PLUS NATUREL... DÉJÀ TOUT PETIT, J'ÉTAIS TRÈS GENTIL ET TRÈS POLI, POUR LE PLUS GRAND PLAISIR DE MA CHÈRE VIEILLE MAMAN...

JE SUIS GENTIL... OUI... MAIS JE LE RÉPÈTE, C'EST DANS MA NATURE... UNE QUALITÉ RARE, JE SAIS...

...MAIS NÉCESSAIRE POUR DURER DANS NOTRE MÉTIER ET... ... VOUS PERMETTEZ ?

BEEEEP BEEEEP

JE VOUS EN PRIE !

MICHEL À L'APPAREIL... OUI... J'ÉCOUTE...

NOM D'UN PÉTARD DE CRÉTIN LOBOTOMISÉ !

SI MES ACTIONS CHUTENT DE SIX POINTS, VENDEZ-LES ET VITE, ANALPHABÈTE MOLTOBLAZIQUE AUTANT QUE GLOIREUX !!!

VOUS VOUS IMAGINEZ QUE JE ME BRISE LES BURNES À FAIRE LE GUIGNOL ET LE GUGUSSE À LA TÉLÉ POUR QUE VOUS BALANCIEZ MON BLÉ PAR LA FENÊTRE ?! ARRANGEZ ÇA SINON JE VOUS ÉCLATE LE CRÂNE !!! ...

ET JE FAIS SAUTER À L'ŒIL CE QUI VOUS RESTE DE CERVELLE AVANT DE LA BOUFFER !!!

CLAP

HUM... NOUS EN ÉTIONS OÙ, DÉJÀ ?...

BEN...

S3

ET L'AFGHANISTAN... TU TE SOUVIENS DE L'AFGHANISTAN ?...

AVEC CES PUTAINS DE MOUDJAHIDINS QUI NOUS ARROSAIENT AU LANCE-ROQUETTES !

BAH... ÇA NE VALAIT PAS LE NICARAGUA... QUAND ON A SAUTÉ SUR CETTE MINE...

ET L'ANGOLA ! ...

...QUAND TOUS CES BAMBOULAS EN FURIE ONT VOULU NOUS SCALPER AVEC DES COUVERCLES DE BOÎTES DE CONSERVES ! ...

HAHA... OUI... JE NE M'EN SOUVENAIS PLUS, DE CELLE-LÀ...

C'EST COMME AU CAMBODGE QUAND... TIENS ! SALUT CLAUDE... ÇA BOUME ?

SUPER LES GARS... JE REPRENDS LE BOULOT...

OÙ ÇA ? BOSNIE ? IRAK ? SOMALIE ?

NON NON... RIEN DE TOUT ÇA... FRANCE PROFONDE LES AMIS... J'INTÈGRE L'ÉQUIPE RURALE DU 13 HEURES...

NON ?

54

SI... LA CAMPAGNE... LA VIE DES RÉGIONS... LES FOIRES AGRICOLES. LE PETIT VIN BLANC... ENFIN, LE CALME ET LA TRANQUILLITÉ...

JE COMMENCE DEMAIN...

OUI OUI... JE SUIS EN DIRECT DE L'OUVERTURE DE LA CHASSE À LA PALOMBE DANS CE SUD-OUEST PROFOND OÙ S'AFFRONTENT À NOUVEAU CHASSEURS ET ÉCOLOGISTES... MAIS JE N'AI PAS ENCORE APERÇU LE MOINDRE BOUT DE SEIN DE SOPHIE MARCEAU... À VOUS !

55

12

ALLÔ? OUI? LE MINISTÈRE DE LA CULTURE?.. VOUS ME PASSEZ LE MINISTRE?.. AH BON... OUI OUI AVEC PLAISIR...

SALUT JACK... TU VAS BIEN?... TU... HEU PARDON?

AH OUI, JACQUES... HI HI HEU... VEUILLEZ M'EXCUSER MONSIEUR LE MINISTRE...

VOUS DÉSIREZ?

JE VOUDRAIS REFAIRE UNE ÉMISSION DE GRANDE ÉCOUTE... OUI, VOUS AVEZ BIEN ENTENDU...

AIMABLE ET GENTILLE... OÙ L'ON NE VOUS BOUSCULE PAS TROP... OUI... JE COMPRENDS...

J'ESPÈRE BIEN... J'AI ÉTÉ ASSEZ TRAUMATISÉ PAR MON EXAMEN CHEZ BERNARD PIVOT VOYEZ-VOUS... ALORS, VOUS AVEZ ÇA?

JE CROIS BIEN, MONSIEUR LE MINISTRE... MAIS HEU... IL FAUDRA VENIR COSTUMÉ...

AVEC PLAISIR! JE COMPTE D'AILLEURS CONSACRER 80% DU BUDGET DE MON MINISTÈRE AUX GROUPES FOLKLORIQUES... DIMANCHE?... TRÈS BIEN... JE SERAI LÀ...

56

...ET COMMENT TU T'APPELLES? ET TES PARENTS SONT DANS LA SALLE?

13

ET C'EST LA FIN DU CLUB **DOROTHÉÉÉE** !!!

BONSOIR ... POUR CETTE ÉMISSION DE TÉMOIN N°1 NOUS ...

MESDAMES ET MESSIEURS BONSOUR ...

CAR... C'EST UNE SACRÉE SOIRÉE GN'HIHOUHAHA !!

ALLONS ALLONS ... TSS TSS ... UN PEU DE SÉRIEUX MESDAMES MESSIEURS...

TSS

GROÏNK

ALORS MA MÈRE M'A DIT: HÉLÈNE ET LES GLAÇONS ?

ET HEU... HOM...

ET C'EST À NOUVEAU LE **CLUB DOROTHÉE** !!

AH NON! ÇA RECOMMENCE !!

HÉ OUI MONSIEUR BOUYGUES... ET CETTE FOIS C'EST POUR L'ÉTERNITÉ...

AÏE !

AVEC JACKY ET CORBIER !!

14

ALORS ?

TOUJOURS RIEN... ELLE EST INTROUVABLE...

MAIS ENFIN C'EST IMPOSSIBLE !... VOUS AVEZ ESSAYÉ CHEZ ELLE ?

BIEN ENTENDU...

TROIS FOIS

C'EST ÉPOUVANTABLE... ET L'ÉMISSION QUI REPREND TOUT À L'HEURE... SON INVITÉ EST DÉJÀ LA'...

C'EST PAS COMME LA DERNIÈRE FOIS OÙ IL A FALLU QUE CE SOIT ELLE QUI SE DÉPLACE...

LA DERNIÈRE FOIS ?!...

BEN OUI... AU MAROC...

LE MAROC MAIS OUI...

?

VITE !

VOUS CROYEZ QUE...

ÇA VAUT LA PEINE D'ESSAYER... BON... 19... 212...

BUZ BUZ BUZ

ALLÔ ?

MAJESTÉ ? COMMANDEUR DES CROYANTS ?...OUI... C'EST MOI... LE PETIT... ÉTIENNE... OUI OUI... C'EST À PROPOS DE MADAME SINCLAIR... ELLE A DISPARU ET...

57

COMMENT ÇA ON VOUS L'A DONNÉE ?!... ET ELLE EST DANS VOTRE HAREM ?

MAIS OUI... JE CROYAIS QUE C'ÉTAIT DANS NOS ACCORDS... C'EST QUE J'Y TIENS, MOI, À MA PETITE GAZELLE... ELLE EN VAUT BIEN SEPT SUR SEPT...

VOILÀ, VOILÀ !

MERCI DE VOUS ÊTRE DÉPLACÉ À TROIS HEURES DU MATIN MON VIEUX, MAIS IL FALLAIT QUE ÇA RESTE SECRET...

VOILÀ LA CASSETTE...

OK ! VOYONS ÇA TOUT DE SUITE...

CLAC

OH...

NON...,

ÇA ALORS !...

FANTASTIQUE ! IL Y A TOUT CE QU'IL FAUT... DES MAGOUILLES, DU CINÉMA, DE LA HAINE, DES HOMMES CASQUÉS, UNE SECTE, DES VOYAGES, DES POTENTATS EXOTIQUES, DU CUL, P.P.D.A... TOUT CE QU'IL FAUT POUR FAIRE UN SUPER-FEUILLETON DE L'ÉTÉ ! ...MÊME SI LES AUTRES NOUS REFONT LE CHÂTEAU DES OLIVIERS, ON LES ENTUBE AU MAXIMUM...

MAIS HEU... CE N'EST PAS UN FEUILLETON, MONSIEUR LE DIRECTEUR DES PRO- GRAMMES...

C'EST LE REPORTAGE QUE VOUS M'AVEZ COMMANDÉ SUR LA VIE DE MONSIEUR BOUYGUES...

À DEMAIN LES ENFANTS !

COURS D'ART DRAMATIQUE MACHPROT

À DEMAIN M'SIEUR !

AAH... RACINE... QUELLE JOIE INTELLEC- TUELLE...

ET QUAND AGRIPPINE DIT À BRITANNICUS : "PRINCE, QUE TARDEZ- VOUS ? PARTEZ EN DILIGENCE NÉRON IMPATIENT PLEIN DE VOTRE ABSCENCE"...

ALLONS BOIRE UN CHOCOLAT CHAUD POUR NOUS REMETTRE DE NOS ÉMOTIONS...

HOLALA... REGARDE, DANS LE JOURNAL, CETTE ANNONCE DE CASTING... RECHERCHONS JEUNES FILLES SÉRIEUSES ET DE FORMA- TION THÉÂTRALE CLASSIQUE...

OUAAH... MAIS C'EST POUR NOUS ÇA...

EXPOS

C'EST POUR QUEL THÉÂTRE TON AUDITION ?

C'EST PAS POUR UN THÉÂTRE, C'EST POUR LA TÉLÉ... TU TE RENDS COMPTE DE L'AUDIENCE ?

LES DEUX SUIVANTES !

VOILÀ NOUS SORTONS DU COURS MACHPROT...

NOUS CONNAISSONS PAR COEUR BRECHT, ET NOUS AVONS JOUÉ BECKETT À LA M.J.C DE ALTHEN-LES- PALUDS !

TOUT À FAIT LE PROFIL QUE JE RECHERCHAIS! VOUS ÊTES ENGAGÉES...

LES INFIRMIÈRES EN CHALEUR ON TOURNE !

PRÉPUCE

STRINDBERG, HEIN...

AGA

BEN...

G1

17

ATTENTION LE VOILÀ QUI ARRIVE !!!

STUDIO

NON ?

!!!!!!!!!K!

C'ÉTAIT DONC VRAI !

OUI ! JE L'AI VU À L'ENTRÉE PRINCIPALE !

QUELLE HORREUR...

ON VA DEVOIR SUPPORTER À NOUVEAU SES MAUVAISES MANIÈRES...

SANS COMPTER SON RIRE IDIOT !

ET LES RISQUES D'EMBROUILLES AVEC LES MÔMES

PARENTS DES INVITÉS SUR LE PLATEAU...

HO... POUR ÇA, IL EST PLUS MALIN QUE MICHAEL JACKSON... LUI AU MOINS IL NE S'EST PAS FAIT PIQUER AVEC UN GAMIN DANS UNE BAIGNOIRE...

AH ÇA, LUI C'EST UN PRUDENT...

PIRE QUE ÇA, IL...

BROM BROM

ON EN PARLERA PLUS TARD, IL EST LÀ...

DÉJÀ ?! JE SUIS UN HOMME MORT !!

63

STUDIO

PROUT

BROM

BROM

BONJOUR MONSIEUR CASIMIR...

QUOI ENCORE ?

J'AI COMPLÈTEMENT OUBLIÉ DE FAIRE RENTRER DU GLOUBIBOULGA !

AAAAH! VOILA' NOS CANDIDATES POUR SUPER NANA ... FANTASTIQUES, MES PETITES CHÉRIES... VOUS ETES FANTASTIQUES...

QUE JE VOUS AIME... VOUS, LES FEMMES SIMPLES ET BELLES QUE LA RÉALITÉ N'EFFRAIE PAS...

VOUS ETES FORMIDABLES... ON PEUT TOUCHER EN VOUS LES TRÉFONDS DE LA FRANCE PROFONDE...

POUET POUET GG

VOUS ETES NOS FEMMES, NOS MÈRES... NOS SOEURS...

NOS MAÎTRESSES MÊME... HAHA ... LA' NON HIHIHI JE PLAISANTE...

PSSS PSSS PSSS PSSS

COMMENT ÇA? QUE ME DIT-ON ? L'UNE D'ENTRE VOUS A DÉJÀ FAIT DE LA TÉLÉ ? LAQUELLE ? MAIS LAQUELLE ?...

64

CELLE CI? HAHAAA ... VENEZ DONC PAR ICI QUE JE VOUS SERRE SUR MON CŒUR ...

QUEL EST VOTRE NOM, SUPER NANA ?

ET QUELLE ÉMISSION AVEZ-VOUS... ARGL MEUH !

ROBERTA ... BIEN QUE JE NE ME FASSE OPÉRER QUE LA SEMAINE PROCHAINE ... MAIS JE SUIS DÉJÀ PASSÉE CHEZ MIREILLE DUMAS !

ET MAINTENANT, APRÈS NOTRE SÉQUENCE SUR LES AVANTAGES ET LES INCONVÉNIENTS D'ÊTRE CALLIPYGE, VOICI DOC!

BONSOIR!

DOC QUI NOUS PARLE CE SOIR DE L'ÉTERNEL PROBLÈME DU COUPLE ET CE COMME TOUTES LES SEMAINES!

EXAC- TEMENT...

MAIS LE THÈME DE MON INTERVENTION SERA AUJOURD'HUI "QUE FAIRE SI VOTRE PARTENAIRE VOUS CHERCHE DES POUX DANS LA TÊTE"!...

FORMIDABLE... MAIS LE SEXE, LÀ-DEDANS, ARRIVERA-T-IL UN JOUR À SORTIR DU TROU PROFOND OÙ NOTRE SOCIÉTÉ LE CONFINE?

TU SAIS QU'IL EST VRAIMENT FORMIDABLE... LES GENS SONT RAVIS, IL ARRIVE À RÉSOUDRE LES PROBLÈMES LES PLUS ARDUS!

OUI JE SAIS... JE ME DEMANDE BIEN COMMENT IL FAIT...

...ET JE NE M'APPESANTIRAI PAS SUR LA BANANE, CET APHRODISIAQUE MÉCONNU CAR ÇA RISQUERAIT DE NOUS POUSSER TROP LOIN...

IL DOIT AVOIR UNE EXPÉRIENCE D'ENFER!

OU ALORS IL A BEAUCOUP ÉTUDIÉ...

EN TOUT CAS TOUT CE QUI TOUCHE AU SEXE N'A PLUS DE SECRETS POUR LUI...

SCRITCH SCRITCH

MAIS JE VOUS EN PRIE, MON CHER JACQUES... ENTREZ DONC...

ASSEYEZ-VOUS VOYONS... QUE SE PASSE-T-IL ?

SNIF... ÉTIENNE... JE SUIS MALHEUREUX... SNIF... J'AI UN GROS PROBLÈME SUR LA PATATE...

SNIF...

VOYEZ-VOUS...SNIF.... JE ME DEMANDE SI TOUS LES GENS QUI ...SNIF... QUI DESCENDENT MES ÉMISSIONS N'ONT ... PAS UN TOUT PETIT PEU RAISON ...

ATTENDEZ VOILÀ PASCALE... VOUS ALLEZ POUVOIR EN PARLER DEVANT ELLE ...

ALLONS BON... IL RECOMMENCE...

EN OUI...

OUI... BOUHOU... A' QUOI BON TOUT ÇA, SI CE N'EST POUR DES PARTS DE MARCHÉ ET DES BÉNÉFICES CONSOLIDÉS ? SNORF...

JE N'OSE PLUS ME REGARDER EN FACE... J'AI HONTE, SNIRFL... MAIS J'AI HONTE! JE ME DÉGOÛTE, TIENS ...

MAIS NON VOYONS... HUM... ÉTIENNE... QUE POUVONS-NOUS FAIRE ?...

TOUT LE PROBLÈME EST LÀ'... EN TANT QU'EMPLOYEUR, PAS GRAND-CHOSE...

ÉTIENNE A RAISON... NOUS SOMMES TROP PARTIE PRENANTE LÀ-DEDANS... MAIS UN PASSAGE A' VIDE EST TRÈS COMPRÉHENSIBLE VOUS SAVEZ... POUR VOUS EN SORTIR, IL FAUDRAIT POUVOIR EN PARLER A' QUELQU'UN... MAIS DE L'EXTÉRIEUR!

GOB

66

ALLEZ, ÇA VA PASSER, VOUS VERREZ!...

BOUH

ÇA Y EST IL EST PARTI!

ALLÔ ? LE SERVICE PUBLIC ?! .. PASSEZ-MOI LE PRÉSIDENT !!!

ET VOILÀ LE TRAVAIL... ON ENTERRE LA HACHE DE GUERRE POUR UN SOIR... ET AVEC UN CONTRAT-PARTENARIAT EN BÉTON, LE TOUR EST JOUÉ !...

...ET CE SOIR DANS RAS LES MASQUES, JACQUES PRADEL POUR NOTRE THÈME DE LA SEMAINE: "MON BOULOT ME FAIT GERBER" ...

SNIF

67

OUI CHERS TÉLÉSPECTATEURS, JE SUIS DEVANT LE PAVILLON EN MEULIÈRE OÙ S'EST RÉFUGIÉ LE DERNIER CARRÉ DE LA SECTE DES ADORATEURS DE L'EX-CINQ...

MAIS LE COMMANDANT GOULAFRE, DES FORCES SPÉCIALES D'INTERVENTION S'APPROCHE, ET JE LUI POSE LA QUESTION FATIDIQUE... ALORS ? L'ASSAUT ?

AFFIRMATIF! IL N'Y A PAS D'AUTRE SOLUTION... ILS SONT TOUS BOURRÉS LÀ-DEDANS...

BOOM

ET... MAMAN !

NOM D'UN MABROOK C'EST... C'EST HORRIBLE! COMME LES DAVIDIENS, LES ADORATEURS DE L'EX-5 VIENNENT ENFIN DE FAIRE SAUTER L'AUDIMAT! EUH, LA BARAQUE !

C'EST L'APOCALYPSE! DE VÉRITABLES TORCHES HUMAINES S'ÉCROULENT AU SOL LES UNES APRÈS LES AUTRES...

MAIS JE NE VOIS PAS ENCORE LE CORPS DE LEUR GOUROU-TRÉSORIER...

JE M'APPROCHE POUR VÉRIFIER QU'IL EST BIEN LÀ LUI AUSSI

ET...

69

MAIS MON ASSISTANT ARRIVE... IL SEMBLE AVOIR DES NOUVELLES... ALORS ?!...

ALORS, IL A FILÉ !

HAHA... IL Y AVAIT UN TUNNEL SECRET PAR LEQUEL LE CHEF DE CES ALLUMÉS A DISPARU... BRAVO JEAN-CLAUDE, ON LE SAVAIT BIEN QUE TU NE VOULAIS PAS ÊTRE GRILLÉ ET QUE TU AS TOUJOURS RÉPONSE À TOUT...

24

AllEZ, QUOI ENCORE UN EFFORT, MONSIEUR DERVICHE...

VOUS Y ÊTES DIDIER ?

PRESQUE... CONCENTREZ-VOUS TOUS AUTOUR DE LA TABLE...

PRÊTÉ

ESPRIT DE FRANCIS BOUYGUES ES-TU LÀ... SI TU ES LÀ, FRAPPE UN COUP...

GNNN

ARF ARF... NON... IMPOSSIBLE D'ENTRER EN CONTACT...

IL LE FAUT POURTANT... NOUS AVONS UN GRAVE PROBLÈME À RÉSOUDRE...

J'AI UNE IDÉE ! ...

HUM HUM... NOUS ALLONS FAIRE DE NOTRE CHAÎNE BIEN-AIMÉE UN CONCENTRÉ D'ARTE ET DE LA DÉFUNTE SEPT... ET...

??

58

ET PUIS QUOI ENCORE ?! OÙ EST-CE QUE JE TAPE UN COUP ?!... OÙ ?

PLOP

LE VOILÀ... HAHA ÇA A MARCHÉ !

ÉTIENNE, VOUS ÊTES GRAND !

PATRON !

ET CE SOIR DANS RENVOYÉ SPÉCIAL...

ET AVEC TOUTE LA RIGUEUR QUI NOUS CARACTÉRISE...

UN SUJET SUR L'ENFER QUOTIDIEN DES FEMMES EN BLANC...

OUI PAUL... JE ME TROUVE DANS LE SERVICE DU DOCTEUR CAUVIN ET JE ME DIRIGE VERS CETTE CHARMANTE INFIR- MIÈRE QUI S'APPELLE JOSIANE...

BONJOUR BONJOUR...

BONJOUR JOSIANE... TENEZ PRENEZ CE MICRO ET PORTEZ-LE SUR VOUS !...

CE MICRO- LÀ ?

₹220

OUI OUI... COMME ÇA NOUS POURRONS VOUS SUIVRE AUDI- TIVEMENT DANS VOTRE TRAVAIL...

HUHU... TRÈS BIEN... JE COMMENCE...

BONJOUR MONSIEUR RALIL... ON VA BIEN, CE MATIN ? ET CETTE DÉCHIRURE MUSCULAIRE, TOUJOURS AUSSI DOULOUREUSE ? HIHIHIHI...

GAAAA...

TOURNEZ-VOUS QUE JE PRENNE VOTRE TEMPÉRATURE... C'EST POUR LA TÉLÉ

À GAAA...

HI HI HI

ALLONS BON... JE N'AI PLUS DE RETOUR- SON...

ET ON LE GARDE TROIS MINUTES DANS LE TUGUDU SANS BOUGER HEIN...

HEU... DITES-MOI JOSIANE...

70

OÙ AVEZ- VOUS MIS VOTRE MICRO ? ON NE VOUS ENTENDAIT PAS DANS LA CHAMBRE...

MAIS LÀ VOYONS... DANS MA POCHE DE POITRINE...

JE... AH NON... ÇA N'EST PAS LE MICRO ÇA...

ÇA, C'EST UN THERMO- MÈTRE, ÇA !...

SIGH

CE QU'IL VOUS FAUT POUR REDÉMARRER, PATRICK ? MAIS JE LE SAIS MOI... TRÈS BIEN MÊME...

ALORS DITES-LE MOI... ET VITE !

PARCE QUE JE N'EN PEUX PLUS MOI, HEIN... JE CRAQUE LOIN DES PLATEAUX...

JE COMPRENDS, MON AMI JE COMPRENDS... C'EST POUR CELA QUE VOUS ALLEZ CHANGER COMPLÈTEMENT DE LOOK...

VOUS DÉSTRUCTURER TOTALEMENT, VOUS COMPRENEZ... RENAÎTRE TEL UN PAPILLON LAISSANT DERRIÈRE LUI LA LIMACE QU'IL ÉTAIT...

JE COMPRENDS AUSSI, OUI...

ALLEZ... ET CROYEZ-MOI, C'EST EN CHANGEANT TOTALEMENT QUE VOUS REVIENDREZ TRÈS VITE DEVANT LES CAMÉRAS...

INFECT GOODBILL
CONSEILLER EN COMMUNICATION
SUR RENDEZ-VOUS

J'EN SUIS CERTAIN... HA HA... J'AI MÊME UNE IDÉE...

ET CE SOIR DANS BAS LES MASQUES, NOUS AVONS LA JOIE... EUH... OUI... ENFIN TOUT DE MÊME... LA JOIE DONC D'ACCUEILLIR NOTRE AMI PATRICK SABATIER...

71

POUR NOTRE ÉMISSION DONT LE THÈME SERA CE SOIR LA CHIRURGIE ESTHÉTIQUE... SES MÉFAITS, SES ESCROCS... BONSOIR PATRICK...

SOMBOIR BIBEILLE...

...SOUS VOS APPLAUDISSEMENTS BIEN ENTENDU !...

ET ENCORE UNE DE TIRÉE, UNE... GNNMMMHH... PETITE FAIM MOI...

HUM! MON CHER JACQUES...

MONSIEUR LE DIRECTEUR DES PROGRAMMES... QUE ME VAUT LE PLAISIR DE VOTRE VISITE ?...

LE RENOUVEAU DU PUBLIC MON CHER JACQUES... NOUS N'ARRÊTONS PAS DE REFUSER DES CARS ENTIERS DE GRABATAIRES SÉNILES... VOTRE ÉMISSION VIEILLIT... IL FAUDRAIT RAJEUNIR UN PEU TOUT ÇA...

TAPER PLUS BAS, QUOI...

NON... ÇA, ÇA SERAIT DIFFICILE... MAIS TAPER PLUS JEUNE, ÇA, SÛREMENT...

PLUS JEUNE ?

OUI! JE COMPTE SUR VOUS!

IL EN A DE BONNES, LUI... PLUS JEUNE...

JE LE HAIS

72

JE... HIHI... OUI! IL A TROUVÉ LE GROS... IL A TROUVÉ !!...

ET COMMENT TU T'APPELLES, HEIN ? ET TA MAMAN EST DANS LA SALLE ?

MAIS...

HOU HOU ! KAREN !...

KAREN ...

AYAAAAAA!!!

HOLALA... JE VIENS DE FAIRE UN DE CES CAUCHEMARS, MOI...

RENDORS-TOI, MA CHÉRIE RENDORS-TOI... JE SUIS LÀ...

SI C'EST UN PROCÈS BÉTON QUE VOUS VOULEZ, VOUS L'AUREZ...

... ET BONJOUR LES INDEMNITÉS... MAIS JE REVIENDRAI, COMME MAC ARTHUR À CORREGIDOR !

TU VOIS MON POTE, PAS ASSEZ BRANCHÉ, TON LOOK... ET PUIS LA GRILLE EST ARCHI-PLEINE... DÉSOLÉ...

76

VEILLEUR DE NUIT PEUT-ÊTRE... ÇA RESPECTERA VOS BIORYTHMES ...

ARDI QUOI ?

C'EST COMPRIS... JE VAIS ME RETIRER ROYALEMENT DANS LES PAGES DE MON TOR... HEU, DE MON JOURNAL ...

ET APRÈS PONDICHÉRY, EN ATTENDANT UNE NOUVELLE ÉMISSION, JE VAIS POMPER UN BOUQUIN DE FRANÇOISE CHANDERNAGOR...

C'EST QUI LE MONSIEUR MAMAN ?...

J'SAIS PAS... JAMAIS VU... SÛREMENT UN PRÊTRE...

HAAAA... ÇA COMMENCE... LES GENS M'OUBLIENT DÉJÀ ...

JE NE VAIS TOUT DE MÊME PAS ME METTRE UNE PERRUQUE BLONDE POUR REMPLACER CHRISTINE BRAVO À FROU-FROU...

NON... IL FAUT ABSOLUMENT QUE JE TROUVE AUTRE CHOSE ...

HEU...

MONSIEUR JACQUES... C'EST UN CERTAIN MONSIEUR MARTISSON... ARTICHON... EDISON... ENFIN... IL INSISTE EN PLEURANT POUR PASSER À PERDU DE VUE...

SNIF ?

VOUS COMPRENEZ, MONSIEUR LE PRÉSIDENT-DIRECTEUR-GÉNÉRAL ...

C.S.A. PRÉSIDENCE

QUE VOUS FASSIEZ UNE SOIRÉE COMMUNE AUX DEUX CHAÎNES PUBLIQUES POUR NOËL C'EST TRÈS BIEN... MAIS IL NE FAUDRAIT PAS À NOUVEAU SINGER LE PRIVÉ ...

JE COMPRENDS, MONSIEUR LE PRÉSIDENT JE COMPRENDS...

FRANCE 23 PRÉSIDENCE GÉNÉRALE

DONC, NI PAILLETTES, NI DANSEUSES NUES, NI MUSIQUE, NI LAGAF'... RIEN DE CULTUREL QUOI...

SI SI... MAIS EN NE PERDANT PAS DE VUE LA GRAVITÉ DU MOMENT, QUE NOS CHAÎNES PUBLIQUES SE DOIVENT DE SOULI-GNER...

J'ESPÈRE QUE VOUS ME COMPRENEZ...

JE COMPRENDS MONSIEUR LE PRÉSIDENT... LE SERVICE PUBLIC NE FAILLIRA PAS À SA TÂCHE...

ELLE VA ÊTRE JOUASSE LA SOIRÉE DE NOËL...

CLIC

73

... BIENVENUE DONC EN CETTE SAINTE SOIRÉE DE NOËL POUR UNE RENCONTRE DE FÊTE EN PRISE SUR LA VIE, ET SES VARIÉTÉS AVEC NOTAMMENT L'ABBÉ PIERRE, ALAIN FINKIELKRAUT, BERNARD KOUCHNER, SŒUR EMMANUELLE, HENRY LÉVY, ET EN FIN DE SOIRÉE POUR LES DOUZE COUPS DE MINUIT BERNARD ET ANDRÉ LAJOINIE.

MFFF MFFF MOI... LES ÉMISSIONS DE CHARME POUR SÉMINARISTES BOUTONNEUX C'EST TRÈS BIEN...

LE RETOUR DES VIEILLES CROÛTES COMME BELLEMARE OU DECAUX C'EST PARFAIT SURTOUT EN CES TEMPS DE NÉO-POMPIDOUISME...

KOFF

SEULEMENT MAINTENANT, IL NOUS FAUDRAIT UN NOUVEAU CONCEPT... UN CONCEPT EN BÉTON SI VOUS PRÉFÉREZ...

PFFFF

UN CONCEPT QUI NOUS PERMETTRAIT DE CRUCIFIER DÉFINITIVEMENT LE SERVICE PUBLIC...

J'AI UNE IDÉE...

EUH DÉJÀ GÉRARD ?

OUI ÉTIENNE... JE SUIS COMME ÇA, MOI...

J'AVAIS PRÉVU VOTRE DEMANDE ET JE L'AI ANTICIPÉE... J'AI UNE IDÉE QUI VA POUVOIR ENFIN MÊLER NOS DEUX CONCEPTS RÉVOLUTIONNAIRES...

AH... ET ELLE S'APPELLE COMMENT VOTRE IDÉE ?...

77

CATHERINE LANGEAIS...

MAIS C'EST UNE VIEILLE CROÛTE AUSSI, CELLE-LÀ...

OUI... MAIS HABILLÉE COMME ÇA AVOUEZ QU'ELLE EN JETTE...

MFFF

JE VOUS LE RÉPÈTE, MON GROS JEAN-PIERRE...

JE N'AI RIEN DE SPÉCIAL CONTRE VOUS... MAIS VOS VARIÉTÉS SONT COMPLÈTEMENT DÉMODÉES...

E.BOUGEOTTE

ON A ENCORE BAISSÉ DE 13 POINTS LA SEMAINE DERNIÈRE... UN CHIFFRE PORTE-MALHEUR, VOUS EN CONVIENDREZ...

CE QUI INTÉRESSE LES GENS, CE SONT LES HISTOIRES DE CUL DES TÊTES COURONNÉES... LES FESSES DE STÉPHANIE PLUTÔT QUE SON EXTINCTION DE VOIX...

MAIS OUI... IL FAUT TRAITER LES PETITS PROBLÈMES DES GRANDS DE CE MONDE...

ALLEZ VOIR CE QUI SE PASSE DANS LES CHAMBRES À COUCHER À MONACO OU À BUCKINGHAM PALACE...

QUI ? MOI ?

L'OBJECTIF DE LA CAMÉRA EST AU PUBLIC AVIDE CE QU'ÉTAIT LE TROU DE LA SERRURE À LA BONNE BRETONNE...

LES BORBORYGMES DE VANESSA PARADIS, ÇA N'INTÉRESSE PLUS QUE LES O.R.L... ET ENCORE...

BON BON... JE VAIS VOIR CE QUE JE PEUX FAIRE...

78

SEX SHOP
GADGETS
VIDÉO
HARD

HEU... HUM... VOUS N'AURIEZ PAS UNE CASSETTE VIDÉO AVEC LE PRINCE CHARLES ET DEUX SŒURS SIAMOISES ?...

34

CHERS INVITÉS, CE SOIR LE SERVICE PUBLIC VA AMPLEMENT MÉRITER SON NOM...

CHOMAGE OU DESSERT

EN EFFET, CE SOIR DES P.D.G DE GRANDES ENTREPRISES SONT PRÉSENTS AU STANDARD, ET VOUS, CHÔMEURS, VOUS ALLEZ POUVOIR DIALOGUER EN DIRECT AVEC EUX, ET PEUT-ÊTRE TROUVER UN EMPLOI ! ...

ANNE-SOPHIE, DES APPELS ?

DES TAS JEAN-MARIE DES TAS...

ÇA MARCHE ! HAHA... LES FRANÇAIS NE BAISSENT PAS LES BRAS... ILS SAVENT QU'IL FAUT FAIRE DES SACRIFICES, MAIS ILS NE BAISSENT PAS LES BRAS !

BONK

...GRÂCE À NOTRE ÉMISSION JE SUIS CERTAIN QUE BEAUCOUP D'ENTRE EUX VONT SÛREMENT RETROUVER DU TRAVAIL ! ...

JEAN-MARIE ! ...

OUI ? ANNE-SOPHIE ? ALORS, DES RÉSULTATS ?

UN SEUL, MAIS DE TAILLE... UN PDG D'UNE USINE TEXTILE A ÉTÉ CONTACTÉ PAR LE DÉLÉGUÉ DE 2500 CHÔMEURS... ET VU LE NOMBRE DE PERSONNES, IL A MÊME DÉCIDÉ D'ALLER S'INSTALLER DANS LEUR RÉGION ...

FORMIDABLE... ENFIN UNE OCCASION DANS CE MÉTIER POURRI DE SE RENDRE VÉRITABLEMENT UTILE... VOILÀ, JE LE DISAIS AU DÉBUT, UNE ÉMISSION QUI REDONNE UN SENS AU SERVICE PUBLIC ...

MAIS AU FAIT CET APPEL DE CHÔMEURS, IL VENAIT D'OÙ, ANNE-SOPHIE ?...

HEU ATTENDEZ... AH VOILÀ ... TAÏWAN ! SÛREMENT UN VILLAGE EN BRETAGNE ...

BOUHOUHOUHOUHOU BHOU HOU HOU

JEAN-PIERRE... JUSTE UN MOT JE VOUS PRIE...

AH... EUH OUI... C'EST À QUEL SUJET, MONSIEUR LE VICE-PRÉSIDENT ?

TRENTE MILLIONS D'AMIBES

MAIS VOTRE ÉMISSION... ELLE EST FORMIDABLE...

VRAI ?

VRAI... SEULEMENT IL FAUT ÉVOLUER MON PETIT VIEUX... FINI LES CHIENS,... TERMINÉ LES CHATS... LA MODE EST AUX DINO- SAURES, TRICÉRATOPS, ET AUTRES FOSSILES... ALORS J'EN VOUDRAIS UN PEU PLUS, VOUS COMPRENEZ ?

MAIS OUI, JE SUIS CERTAIN QUE VOUS COMPRENEZ... DES DINOSAURES, HEIN ?

OUI OUI... JE COMPRENDS...

SBAF

BOUF

DES DINOSAURES ? À LA TÉLÉ ? MAIS JE VAIS TROUVER ÇA OÙ, MOI ??!!!

IL EST FOU...

À MOINS QUE...

HÉÉÉÉ.... MAIS OUI...

80

NOUS SOMMES EN DIRECT DU JARDIN DE LA MAISON DE RETRAITE DE L'INA... AVEC, POUR CETTE ÉMISSION DE TRENTE MILLIONS D'AMIBES SPÉCIALE DINOSAURES, PIERRE TCHERNIA, PIERRE BELLEMARE, LÉON ZITRONE ET JACQUES CHANCEL...

GAAA...

ET DIEU DANS TOUT ÇA ?

BROUTE

CE COUP-LÀ, JE NE ME LAISSE PAS FAIRE

JE SUIS DANS MON DROIT...

B'JOUR M'SIEUR HENRI !...

OUAIS !... ÇA VA CHIER...

2 3 France France

PRÉSIDENCE

S'IL ME DIT NON JE PASSE SUR T.F.1... ET TOC !

BONJOUR... JE N'IRAI PAS PAR QUATRE CHEMINS...

VU LE SUCCÈS DE MON ÉMISSION, J'EXIGE QU'UN BUDGET PLUS IMPORTANT LUI SOIT AFFECTÉ...

BIEN QUE ÇA...

81

JE SAIS QUE C'EST LA CRISE... MAIS IL FAUT PENSER À L'IMAGE DE LA CHAÎNE...

JE SUIS BIEN D'ACCORD AVEC VOUS !

NON ?

SI JE VOUS LE DIS...

ALORS, TU AS OBTENU QUOI ? UN NOUVEAU STUDIO, UN DÉPASSEMENT DE BUDGET, UN DIVAN EN CUIR ?

UNE PERRUQUE ET UN DENTIER NEUFS...

ET VOICI CELLE QUE VOUS ATTENDEZ TOUS !...
HÉLÈNE !!!

OUAAIS !!
HOOOOU!
YAHOOOU!!
BRAVO..
HIIII!!

?

LÀ NON PLUS...
SECURITY

83

BON SANG... IL Y A SÛREMENT QUELQUE CHOSE QUI CLOCHE !...

AB PRODUCTIONS
TF1

ARRÊTEZ TOUT !! LE SON N'EST PAS BRANCHÉ !

MAIS SI... IL EST À FOND, COMME D'HABITUDE...

C'EST SÛREMENT PARCE QUE LES GENS N'ENTENDENT RIEN QU'ELLE A AUTANT DE SUCCÈS...

AB

...ÉDOUARD BALLADUR DEMANDE À CHIRAC : MON CHER JACQUES, QUEL EST VOTRE ÉCRIVAIN PRÉFÉRÉ ?

AH ?

ET ALORS ?

... ET CHIRAC LUI FAIT PRRODOUUUUUTT

EUH, VOUS VOULEZ DIRE MARCEL ? NON, BERNADETTE, ELLE A FAIT DES HARICOTS À' MIDI ...

HONK HONK

HAHAHAHAHAHAHAHAH HAHAHAHOHO

JEAN, JE VOUS EN PRIE...

MAIS MADAÂÂME, C'EST PARCE QUE J'AI MES RAGNAGNAS...

OUAHAHAHAHAHAHAH

HAHAHOHOHO

...TANT PIS! REMET- TEZ CETTE SER- PILLIÈRE OÙ VOUS L'AVEZ PRISE !!!

HAHA

HOHO.

84

CACA PIPI POUÉÉÉT !...

MOUAP...

HA HAHAHA HAHAHA

HUM... FAUDRAIT PEUT-ÊTRE Y ALLER UN PEU MOINS FORT SUR LE GAZ HILARANT... LES TÉLÉSPECTATEURS VONT FINIR PAR SE DOUTER DE QUELQUE CHOSE !...

PCHHHHHHHHHHHH

HAHAH

LA SENTENCE EST DONC SANS APPEL !

OUI, FRÈRE !

DONC, MORT À ARTE !

MORT À ARTE !!!

BONK

ET JE VOUS PROPOSE AUSSI DE TONDRE CHRISTINE OCKRENT ET ANNE SINCLAIR POUR COLLABORATION INTIME AVEC L'ANCIENNE MAJORITÉ !!

OUI ! TONDONS-LES !!!

ET JE... ET JE VAIS ÊTRE EN RETARD AUX INFOS DE VINGT HEURES... JE VOUS PRIE DE BIEN VOULOIR M'EXCUSER...

À TF1 VITE !

?

V... VOUS Y ÊTES !

TRÈS BIEN... ET RENDEZ-MOI LA MONNAIE !

ROBERT-ANDRÉ VAURIEN, EN TANT QUE SPÉCIALISTE DE L'AUDIOVISUEL DE LA MAJORITÉ, QUE POUVEZ-VOUS NOUS DIRE SUR CES RUMEURS DE CHASSE AUX SORCIÈRES ?...

UNE SEULE CHOSE : QUE L'OBSCURANTISME DÉVELOPPÉ PAR NOS AÎNÉS EST DÉFINITIVEMENT MORT !

85

UN SPÉCIAL COCHON ?... J'EN CONNAIS 850 À LANDIVISIAU...

... ET ENFUITE, UN FPÉFIAL PETITES CULOTTES !...

NON, NON ET NON... JE VOUS RAPPELLE QUE C'EST DE LA SOIRÉE DE NOËL DONT NOUS PARLONS !...

J'AI TROUVÉ !

ALORS, MON CHER JACQUES ?

ON SE FAIT UN PERDU DE VUE SUR LE PETIT JÉSUS... C'EST VRAI, PERSONNE NE SAIT PLUS OÙ IL CRÈCHE, CELUI-LÀ...

NON... TROP CIBLÉ COMME PUBLIC... ON VA SE COUPER DE TOUTE UNE PARTIE DE NOS FIDÈLES...

LA MÈRE NOËL ALORS ?... OU LE PÈRE FOUETTARD ?!...

J'AI DIT NON ! JE VEUX QUELQUE CHOSE DE CONSENSUEL !!!

UNE SOIRÉE FAMILIALE OÙ TOUT LE MONDE SE RETROUVERA DEVANT SON POSTE COMME AUX VEILLÉES D'ANTAN...

CROYEZ-MOI, LES GENS APPRÉCIE-RONT... ILS NE SONT PAS DE BOIS ET...

DE BOIS... HAHA... MAIS OUI !

63

J'AI BÛCHÉ LONGTEMPS SUR LE CONCEPT, MAIS VOILÀ LE RÉSULTAT... AVEC ÇA, LE C.S.A NOUS FICHERA LA PAIX PENDANT AU MOINS DIX ANS !... C'EST 100% CRÉATION FRANÇAISE, ÇA PASSERA EN CONTINU TOUTE LA NUIT, ET JE NE VOUS PARLE MÊME PAS DU COÛT DE PRODUCTION...

COMME DISAIT MON POPA... ÉTIENNE, VOUS ÊTES GRAND !

41

HAHAHA! HOHOHO! C'EST BON DE RIRE...

UNE ÉMISSION HISTORIQUE SUR NOTRE CHAÎNE... MAIS IL FAUT ARRÊTER LE GRATIN DE PATATES DOUCES, MON JEUNE AMI!

HEU... BEN OUI... UN PEU COMME "LES BRÛLURES DE L'HISTOIRE" DE LA 3...

HOHOHO... PFF PFF... ET POURQUOI PAS DU CULTUREL TANT QUE VOUS Y ÊTES? HI HI!...

PFF MFF

VOUS VOUS ÊTES TROMPÉ D'ADRESSE HOHOHO... CROYEZ-MOI, LE JOUR OÙ IL Y AURA UNE ÉMISSION HISTORIQUE CHEZ MOI, JE VEUX BIEN AVALER UNE BANDE VIDÉO DE 240 MN.!

HOU HOU...

CLIC

VHS

JE NE... HÉÉÉ... MAIS QUE FAITES-VOUS, JE...

AAAAH... OOOOOH...

?!!

AAAAH... OOOOH... YES! YES! AGAIN! AGAIN! JOHN! GO! GO!

J'AI RETROUVÉ UN FILM ULTRA-SECRET TOURNÉ PAR UN AMATEUR EN 1962 AVEC MARILYN ET J.F. KENNEDY...

AAAAH! OOOOH!!! MY GOD!

86

J'AI AUSSI EN PRÉPARATION UN SUJET DANS LE MÊME STYLE AVEC HITLER ET EVA BRAUN... UN DOCUMENT RETROUVÉ DANS LES ARCHIVES DU K.G.B...

LOVELY!

OOUUUH OOUUUH YEEES! RRAAAH...

FICK FICK FICK

... ET AUSSI UNE RECONSTITUTION DES DÉCAPITATIONS DES FEMMES D'HENRY VIII...

CHOMP CHOMP

SCRONTCH CHOMP CHOMP

OUI OUI, MA PETITE CHATTE ON VA FAIRE UNE NOUVELLE ÉMISSION DE CHARME...

ET C'EST TOI, MON DINBOU D'AMOUR QUI VAS LA PRÉSENTER ... MAIS PAS FRINGUÉE COMME UNE NONNE, HEIN...

VE VOIS FE QUE TU VEUX DIRE...

OUI HAHA... TU COMPRENDS VITE ...

OUI C'EST ÇA ... ON VA COMMENCER PAR UN DÉPOILAGE DU GÉNÉRIQUE... ALLEZ, HOP HOP !

ET ENFUITE ?

BEN QUOI, T'ATIGES, OU QUOI ? ALLEZ, LA CULOTTE MAINTENANT ! ÇA C'EST DE L'ABATTAGE !!!

TRÉMOUSSE-TOI OUI! OUI!

PLUS SUGGESTIF LE DOIGT!! GROÏNK GROÏNK!

GROÏNK

EUH, CHRIFTOPHE, APRÈS ON PARLERA DE MON AUGMENTAFION ?

8+

ET DONC, MON CHER CHRISTOPHE, VOUS AVEZ DÉCIDÉ D'ARRÊTER L'ÉMISSION JUSTE APRÈS LA PREMIÈRE...

TÉLÉS DIMANCHE

OUI... J'AI DÉCIDÉ DE CESSER DE PRODUIRE L'ÉMISSION, JE N'ÉTAIS PAS DU TOUT D'ACCORD AVEC SON CONCEPT, LA DIGNITÉ DES FEMMES Y ÉTAIT TROP BAFOUÉE ...

...ÇA NE CORRESPONDAIT PAS À MES AMBITIONS !

TÉLÉS DIMANCHE

LE VOILÀ !

MONSIEUR TAPIE VOUS... OUCH !

PAK

POUVEZ-VOUS RÉPONDRE À QUELQUES QUESTIONS ?

PONK

AÏE

CHTAF !

FOUTEZ-MOI LA PAIX !

GNOUF !

PAS DE CAMÉRA !

GRRRRMF !

BRONK CFASH

CRAK BOM

88

IL SEMBLERAIT, MONSIEUR TAPIE, QUE VOUS AYEZ QUELQUES GRIEFS ENVERS LA PRESSE...

C'EST EXACT ! LES MÉDIAS NE ME LAISSENT PAS M'EXPRIMER ! ILS PRÉFÈRENT LAISSER LA PAROLE AUX JUGES... JE DOIS LEUR FAIRE PEUR !...

FRANÇOIS-HENRI, VOUS AVEZ UNE MINUTE ?

HEU... BIEN ENTENDU... QUE SE PASSE-T-IL ?

SPLOOOSH

EH BIEN VOILÀ... JE SUIS EN FAIT CHARGÉ PAR LE SUPER P.D.G DE VOUS PARLER DE VOTRE "HEURE DE VÉRITÉ"...

OUI ? IL Y A UN PROBLÈME ?...

OUI... ENFIN... SI ON VEUT... LE PRÉSIDENT PENSE QU'IL FAUDRAIT MODIFIER UN PEU LE STYLE DE VOS INTERVIEWS...

LES RENDRE PLUS INCISIVES... LES POLITIQUES SE FICHENT DE PLUS EN PLUS DES QUESTIONS COMPLAISANTES, ET L'ÉMISSION MÉRITE DE MOINS EN MOINS SON NOM... VOUS COMPRENEZ...

JE COMPRENDS...

PAAARFAIT... LE SUPER-P.D.G N'EN ATTENDAIT PAS MOINS DE VOUS... TÉLÉPHONEZ-MOI DÈS QUE VOUS AVEZ UNE IDÉE...

HEU... D'ACCORD...

TU PARLES D'UN BASTRINGUE... À MOINS QUE...

MA FOI POURQUOI PAS...

VOUS AVEZ DÉJÀ TROUVÉ ? STUDIO 102 ? FORMIDABLE, J'ARRIVE TOUT DE SUITE !...

90

VOILÀ... NE VOUS INQUIÉTEZ PAS, LES BOURREAUX ONT LEUR CARTE DE PRESSE...

?!?

CHAUX

JE VOUS REMERCIE DE VOUS ÊTRE DÉPLACÉ...

C'EST UN POSTE DE CONFIANCE VOUS COMPRENEZ... IL NE PEUT PAS ÊTRE CONFIÉ À N'IMPORTE QUI...

JE... JE COMPRENDS...

JE NE VOUS CACHE PAS QUE C'EST ASSEZ FATIGANT... MAIS SI VOUS AVEZ RÉPONDU À L'ANNONCE C'EST QUE LE TRAVAIL NE VOUS FAIT PAS PEUR...

EXACTEMENT...

J'AI FAIT UN DOCTORAT, DE COMPTABILITÉ APPLIQUÉE, SUP DE CO TOULOUSE, HEC, X ... OÙ SONT LES ORDINATEURS ?...

HEU... IL NE S'AGIT PAS VRAIMENT DE ÇA... SUIVEZ-MOI... C'EST QU'ON A SÉRIEUSEMENT BESOIN D'AIDE EN CE MOMENT...

VOUS COMPRENEZ, LE NIVEAU A ENCORE GRIMPÉ DEPUIS LES RECETTES PUBLICITAIRES DE LA DERNIÈRE DÉFAITE DE L'ÉQUIPE DE FRANCE... IL ÉTAIT TEMPS QUE VOUS ARRIVIEZ POUR METTRE UN PEU D'ORDRE...

PFFF PFFF

91

VOUS AVEZ QUOI DANS LA BOÎTE ?

LE SUJET SUR LA PROSTITUTION ENFANTINE EN THAÏLANDE... VOUS ALLEZ VOIR, ÇA N'EST PAS PIQUÉ DES HANNETONS...

CLAC

OUI... À CAUSE DE LA CUPIDITÉ DE CERTAINS ADULTES IRRESPONSABLES ET CRIMINELS...

PEUT-ON LAISSER DES ENFANTS EN BAS ÂGE VOIR LEUR VIE IRRÉMÉDIABLEMENT DÉTRUITE...

DANS LA NÉGATION DU RESPECT HUMAIN ET DU DROIT QU'A TOUT ÊTRE DE VIVRE DANS LA DIGNITÉ ?

ALORS ?

MOUAIS... C'EST TRÈS BIEN ...

CUC

MAIS EN CE MOMENT, LES GENS S'INTÉRESSENT À DES CHOSES PLUS PROCHES.

LA THAÏLANDE FINALEMENT C'EST LOIN...

J'Y AVAIS PENSÉ... J'AI UN SUJET SUR LES ENFANTS CHANTEURS UN SPÉCIAL JORDY...

92

OUI... À CAUSE DE LA CUPIDITÉ DE CERTAINS ADULTES IRRESPONSABLES ET CRIMINELS...

STUDIO

PEUT-ON LAISSER DES ENFANTS EN BAS ÂGE VOIR LEUR VIE IRRÉMÉDIABLEMENT DÉTRUITE ...

DUR DUR D'ÊTRE UN BÉBÉ ...

DANS LA NÉGATION DU RESPECT HUMAIN ET DU DROIT QU'A TOUT ÊTRE DE VIVRE DANS LA DIGNITÉ ? ...

HA HA HA HA HA HA ...

EH OUI... VOICI LES GROSSES TÊTES MESDAMES ET MESSIEURS...

L'ÉMISSION DU RIRE ET DE LA BONNE HUMEUR, AVEC NOS AMIS LES COMIQUES...

... ET LA DIFFÉRENCE ENTRE L'ALPHABET ET UNE GONZESSE, C'EST QUOI ?

MOI JE SAIS... AVEC L'ALPHABET ON A BESOIN DE 16 LETTRES POUR EN ARRIVER AU Q...

93

ALORS QU'AVEC UNE GONZESSE, UN COUP DE FIL SUFFIT ! OUAF OUAF OUAF !...

OUAF OUAAAF...

AMANDA PERMETTEZ-MOI DE VOUS DIRE QUELQUE CHOSE D'HOMME À HOMME...

OUAF OUAF OUAF !

Mirković CORTEGGIANI 93